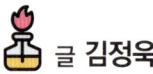 글 **김정욱**

만화잡지 연재를 시작으로 많은 책과, 라디오, 드라마, 웹툰 등 다양한 분야에 글을 썼습니다. 지금은 학습만화와 어린이 소설을 통해 재미있고 유익한 콘텐츠를 만들기 위해 노력하고 있습니다. 대표작으로는 《로봇세계에서 살아남기》와 《Why》, 《Who》, 《설민석의 세계사 대모험》, 《말이야와 친구들》, 《아토모스 기사단》 등이 있습니다.

 그림 **유희석**

신나고 재미있는 그림을 그리기 위해 쉴 틈 없는 매일매일을 보내고 있습니다. 대표작으로는 《단테의 신곡》, 《만화 문화유산답사기》, 《도티&잠뜰 천재 해커의 비밀》, 《쿠키런 과학상식》, 《보물섬》, 《잠뜰TV 픽셀리 초능력 히어로즈》, 《흔한남매 불꽃 튀는 우리말》 등이 있습니다.

 정보 글 **서원호**

초등학교 교감 선생님으로 학생들과 함께하고 있습니다. 경기도 창의융합교육연구회를 운영하고 프로그램을 개발하며 2016년 올해의 과학교사상을 받는 등 과학 교육 분야에서 활발히 활동 중입니다. 지은 책으로는 《밤하늘에 숨은 도형을 찾아라》, 《구석구석 개념 톡, 과학 톡!》 등이 있습니다.

 감수 **김희목**(KAIST 과학영재교육연구원 선임연구원)

강원대학교 과학교육과를 졸업하고 같은 학교에서 과학교육 전공으로 석사, 박사 학위를 받았습니다. 지금은 KAIST 과학영재교육연구원에서 과학 영재 학생들을 위한 콘텐츠 개발과 과학 영재 육성을 위한 나라의 정책연구를 하고 있습니다.

감수 **권경아**(KAIST 과학영재교육연구원 선임연구원)

서울대학교 생물교육과를 졸업하고 조지아대학교에서 과학교육 전공으로 박사학위를 받았습니다. EBS에서 여러 생명과학 교재들을 기획, 개발하였고 지금은 KAIST 과학영재교육연구원에서 과학 영재 학생들을 위한 콘텐츠 개발과 정책 연구를 하고 있습니다.

비밀요원 레너드
과학 X 파일
동물
2. 멸종 위기 동물 실종 사건

글 김정욱 | 그림 유희석
정보 글 서원호 | 감수 김희목, 권경아

레너드
미스터리가 있는 곳이라면 어디든 달려가는 시크릿 에이전시의 정예 요원.

룰라송
레너드 요원과 찰떡 호흡을 자랑하는 시크릿 에이전시의 요원.

너굴 박사
시크릿 에이전시 소속 과학수사본부의 박사. 언제나 과학 연구에 몰두한다.

도치 박사
베일에 싸인 변방의 과학 박사. 너굴 박사를 질투한다.

러시
카리스마를 뽐내며 레너드 요원을 돕는다. 운동은 만능!

미스터 블랙
누구도 그의 얼굴을 본 적 없지만 미스터리 사건 뒤에는 항상 그가 있다.

차례

프롤로그 • 6

1장 사라진 동물들 • 9

2장 숲속의 흔적 • 47

3장 위기의 동물들 • 77

4장 천적을 찾아라 • 99

1장

사라진 동물들

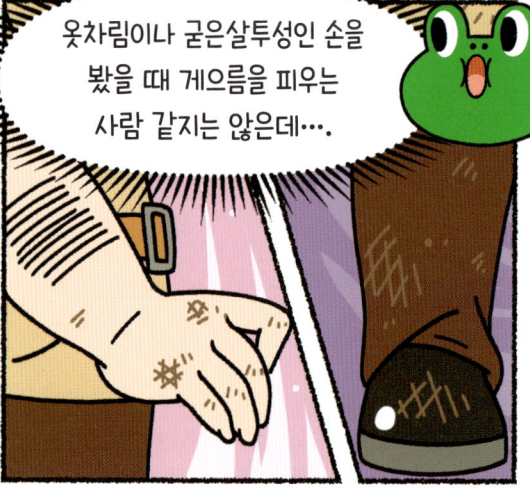

새끼라는 표현은 얼룩말에겐 맞지만 도마뱀에겐 어울리지 않는군요.

그게 무슨 뜻이죠?

동물은 알을 낳는 동물과 새끼를 낳는 동물이 있어. 얼룩말이나 소, 개 등은 새끼를 낳지만 도마뱀이나 물고기, 곤충 등은 알을 낳지.

그래서 알을 낳는다는 뜻인 산란이라는 말을 쓰셨군요!

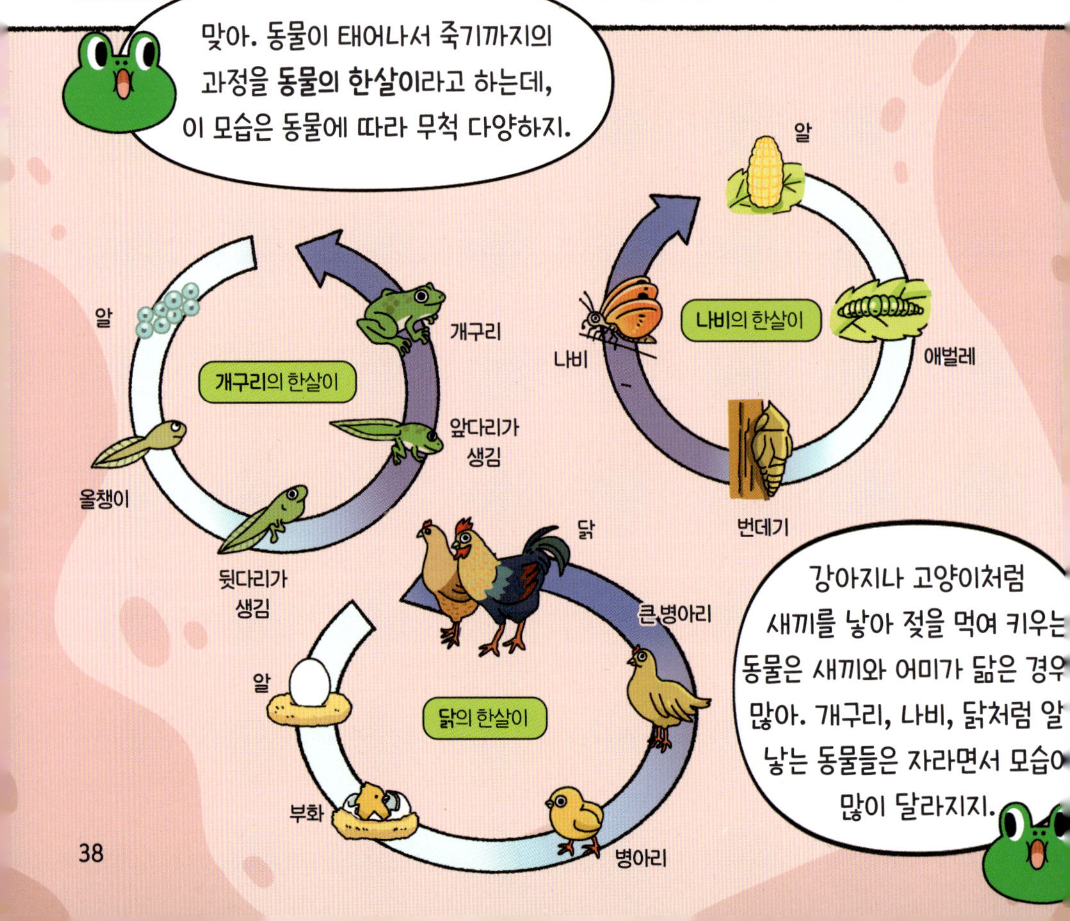

맞아. 동물이 태어나서 죽기까지의 과정을 동물의 한살이라고 하는데, 이 모습은 동물에 따라 무척 다양하지.

개구리의 한살이
- 알
- 올챙이
- 뒷다리가 생김
- 앞다리가 생김
- 개구리

나비의 한살이
- 알
- 애벌레
- 번데기
- 나비

닭의 한살이
- 알
- 부화
- 병아리
- 큰 병아리
- 닭

강아지나 고양이처럼 새끼를 낳아 젖을 먹여 키우는 동물은 새끼와 어미가 닮은 경우 많아. 개구리, 나비, 닭처럼 알 낳는 동물들은 자라면서 모습이 많이 달라지지.

38

과학 X 파일

바다거북 알이 모두 암컷?

바다거북은 북극해를 제외한 전 세계 바다에서 살고 있어. 하지만 개체 수가 적어서 멸종 위기 동물이지. 바다거북은 육지에서 1년에 3~4번 50~200개 정도의 알을 낳아. 그런데 2022년 미국의 플로리다주 해변에서 이상한 일이 생겼어. 알에  서 부화한 바다거북이 모두 암컷인 거야. 과학자들은 그 원인이 뭘까 하고 연구해서 이유를 밝혀냈어. 알이 부화할 때 주변의 온도가 29.7℃ 이상면 바다 거북이 암컷이 된다는 사실을 알게 된 거야. 이렇게 주변 환경과 기온에 따라 성별이 결정되는 이유는 X, Y 염색체로 성별이 결정되는 사람과 다르게 열에 민감한 단백질에 의해 암수가 결정되기 때문이래.

악어도 온도에 따라 새끼의 성별이 결정돼.

소똥구리가 소똥 위에 올라가는 이유?

'소똥구리' 이름이 귀엽지? 소똥을 굴린다고 해서 소똥구리라고 해. 자기보다 10배나 무거운 소똥을 굴리는 이유는 영양분이 많은 소똥 속에 알을 낳고 소똥을 땅에 묻어 애벌레로 부화시키기 위해서야. 뜨거운 햇볕에 소똥 경단을 굴리다 보면 몸에 열이 나고 발도 뜨겁겠지? 그래서 경단을 굴리다가 소똥 위에 재빨리 올라가기도 해. 소똥 위에 올라가면 땅의 열을 피할 수 있다는 것을 알게 된 거지. 소처럼 큰 초식 동물이 많던 예전에는 자주 보던 곤충이었는데 요즘은 거의 볼 수가 없어. 소에게 사료와 항생제를 먹이고 환경 오염이 심각해지면서 소똥구리도 줄어든 거지.

뻐꾸기는 왜 다른 새의 둥지에 알을 낳을까?

뻐꾸기가 다른 새의 둥지에 알을 낳는것을 '탁란'이라고 해. 원래 둥지 주인인 새가 자리를 비운 틈을 타서 둥지에 있던 알을 밀어내고 뻐꾸기가 알을 낳는 거야. 주로 뱁새의 둥지에 알을 낳아. 뱁새는 자기 알인줄 알고 뻐꾸기가 부화할 때까지 정성껏 품고 키우는 거지. 이렇게 해서 뱁새보다 먼저 부화한 뻐꾸기는 뱁새와 같은 소리를 내며 뱁새의 알을 모두 둥지 밖으로 밀어 버리고 혼자 새 둥지를 독차지 해. 뻐꾸기가 탁란을 하는 이유는 뻐꾸기의 신체 구조에 있어. 몸통은 크고 다리가 짧다 보니 알을 품기 어려워서 새끼를 키우기 어렵다는 것을 알게 된 거야. 그래서 새끼를 다른 새에게 맡기는 거야.

내가 이렇게 큰 새끼를 낳았다니!

> **과학 교과연계**
> 3-1-3 동물의 한살이, 3-3-2 동물의 생활, 5-2-2 생물과 환경

동물의 한살이를 놀이로 알아볼래?

준비물: 색도화지, 가위, 색연필, 풀

① 색도화지를 5cm 높이로 가로로 길게 자른다.

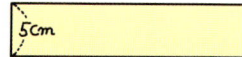

② 종이의 왼쪽 아래 꼭지점이 종이의 가운데에 오도록 긴 삼각형 모양으로 접는다.

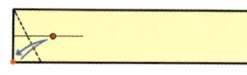

③ 위에서 접은 선을 가위로 자른다.

④ 종이를 뒤집어서 정삼각형이 되도록 접어 올린다.

⑤ 삼각형이 10개가 될 때까지 지그재그 모양으로 반복해서 접고 남은 부분은 가위로 자른다.

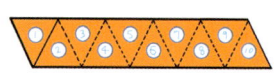

⑥ 삼각형 중 맨 앞과 맨 뒤에 있는 면을 풀칠을 하여 붙인다.

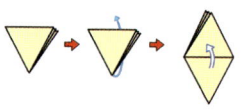

⑦ 각 면에 알, 올챙이, 개구리를 그려서 확인한다.

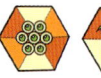

※ 배추흰나비, 닭의 한살이도 같은 방법으로 그릴 수 있어.

과학원리

동물은 자라는 모습과 속도가 모두 달라. 동물이 태어나서 죽기까지의 과정이 바로 동물의 한살이야.

숲속의 흔적

역시 레너드 요원님은 대단해요. 동물의 후각을 이용할 생각을 하다니.

동물의 특별한 능력은 후각만이 아니야.

시력이 뛰어난 동물도 있어. 치타는 눈가의 검은 줄이 눈부심을 줄여 줘서 더 잘 볼 수 있지.

동물의 코와 입 주변에 있는 긴 수염은 깜깜한 곳에서도 주변 환경을 알아채서 장애물에 부딪히지 않게 해.

자, 반달곰 냄새가 묻은 천이야.

과학 X 파일

개는 코로 본다?

냄새를 잘 맡는 사람한테 개코라고 부르지? 실제로 개의 후각은 사람보다 훨씬 뛰어나다고 알려져 있어. 개의 이러한 특성 덕분에 건물이 무너졌을 때 사람의 냄새를 맡아서 목숨을 구하기도 해. 페로몬 냄새로 흰개미를 찾아서 흰개미가 문화재를 갉아먹는 것을 막기도 하지. 몰래 숨겨 놓은 마약을 찾고, 폭탄을 찾는 등 사람들이 할 수 없는 일들을 개는 할 수 있어. 돼지도 후각이 뛰어난 동물이야. 돼지가 진화할 때 냄새를 맡는 유전자가 아주 빠르게 진화했거든. 독특한 향이 있는 서양의 송로버섯은 땅속에서 자라기 때문에 사람이 찾기가 어려워서 돼지가 냄새로 찾아내곤 해.

개의 후각은 사람보다 10,000배나 뛰어나!

모기는 억울해!

다들 모기한테 물려본 경험 있지? 그런데 모든 모기가 사람의 피를 빨아 먹는 것은 아냐. 암컷 모기만 피를 빨아 먹는다고 해. 번식을 위해서지. 수컷 모기는 주로 식물의 즙을 먹고 암컷은 꽃의 꿀이나 이슬을 먹는데 번식 시기가 다

가오면 영양 공급을 위해서 동물의 피를 빨아먹는 거지. 모기는 주로 물이 고여 있는 곳에 알을 낳고 애벌레인 장구벌레가 자라서 번데기를 거쳐 모기가 돼. 모기는 알려진 것만 3,500종으로 종류도 엄청나게 많아. 그중에서도 크기가 작은 좀모기는 카카오꽃의 수분을 도와줘. 카카오꽃은 너무 작아서 좀모기밖에 수분을 할 수 없거든. 그러니까 좀모기가 없으면 사람들은 카카오로 만드는 초콜릿도 먹을 수 없는 거지.

하루살이는 하루밖에 못 산다고?

하루살이라는 이름은 '겨우 하루 목숨'이라는 뜻의 그리스어 에페 메로스(ephemeros)에서 유래했다고 해. 아주 짧은 시간 산다는 뜻이지. 실제로 어른벌레가 된 하루살이는 1시간에서 20일 정도로 짧게 살아. 어른이 된 하루살이는 애벌레 때 있던 입이 없어지면서 먹이를 먹을 수 없기 때문에 오래 살지 못하는 거야. 하지만 하루살이의 한살이를 보면 알에서 애벌레로 한 달 정도 걸리고, 애벌레가 되면 물에서 약 1~3년을 살기도 해.

> **과학 교과연계**
> 3-1-3 동물의 한살이, 5-1-5 다양한 생물과 우리 생활,
> 5-2-2 생물과 환경

천연 벌레퇴치제 만들기

주의: 소독용 알코올이 눈에 들어가지 않도록 주의해야 돼.
안전을 위해 꼭 어른과 함께하자!

준비물

계피, 소독용 알코올, 스프레이 통

① 소독용 알코올과 계피를 7:3 비율로 섞는다.
② 스프레이 통에 넣고 1~2일 기다리면 갈색으로 변한다.
③ 진드기 등 벌레가 살기 쉬운 이불이나 소파, 바닥 등에 뿌린다.

여름에는 계피 껍질을 다시백 주머니에 넣어서 모기가 많은 곳에 걸어두면 좋아!

으악! 냄새! 다른 데로 가자!

과학원리

계피에는 특유의 향을 내는 '유지놀'이라는 성분이 들어 있어. 유지놀은 소독과 살균 효과가 좋아서 벌레 퇴치에 아주 효과적이야.

위기의 동물들

정말 카론 원장님이 범인일까요?

사무실을 뒤져 보면 뭔가 단서가 나올 거야.

그런데 원장님이 사무실을 떡 지키고 있어요.

나한테 좋은 방법이 있어!

과학 X 파일

여우라고 다 같은 여우가 아니다?

사막여우 / 북극 여우

"우리 모습 중에서 다른 점을 찾아봐!"

사막여우는 북극여우에 비해 귀가 커. 사막이 더우니까 몸 안의 열을 빨리 내보내기 위해서 귀가 커진 거야. 털은 모래색과 비슷해서 천적으로부터 몸을 보호하지. 북극여우는 어떨까? 귀가 작고 털이 많지. 북극은 추우니까 최대한 몸 안에 열을 담고 있어야 하거든. 털색도 흰색이야. 북극의 눈과 같은 흰색을 가져야 몸을 보호할 수 있는 거야. 그렇다면 사막여우와 북극여우는 다른 종의 여우일까? 사실 사막여우와 북극여우는 같은 종이야. 오랜 기간 환경이 다른 곳에서 살다 보니 그곳의 환경에 적응하기 위해서 털색과 신체 모양이 다르게 발달한 거지. 이렇게 동물들은 주변 환경에 맞게 진화하면서 살아가는 거야.

"물살이 센 곳에 사는 소라는 껍데기에 뿔이 많이 돋아 있고 물살이 약한 곳의 소라는 뿔 없이 반질거려."

지구상에서 지렁이가 사라진다면?

비오는 날이나 비가 온 후 길을 걷다 보면 지렁이를 볼 수 있을 거야. 지렁이가 비가 좋아서 흙 밖으로 나온 것일까? 비가 많이 오면 땅속의 지렁이 집에 물이 가득 차기 때문에 땅 밖으로 대피한 거야. 지렁이는 하는 일이 아주 많아. 지렁이가 지구상에서 모두 사라진다면 아마 땅이 더러워져서 맛있는 채소도 먹지 못할 걸? 왜냐면 지렁이는 흙 속에 있는 중금속을 분해해서 깨끗하고 기름진 땅을 만들어 주거든.

꿀벌은 내 친구

꿀벌은 이 꽃에서 꿀을 빨고 또 다른 꽃으로 이동을 하면서 꿀을 모아. 그러면서 꽃의 수분을 돕지. 수분은 식물의 꽃이나 열매를 맺게 해. 그런데 요즘 꿀벌의 수가 많이 줄어들었고 당연히 꿀의 생산량도 줄었어. 꿀벌이 사라지면 꿀 생산량만 줄어드는 것이 아니야. 벌이 꽃의 수분을 돕지 않으니 수분을 하지 못해서 농작물이 줄어들고 식품의 값이 엄청나게 오를 거야. 또 식물을 먹고사는 동물들이 살 수 없게 되고, 그러면 초식동물을 먹고사는 육식동물들도 살 수 없게 되어서 결국 생태계는 파괴되고 말 거야.

꿀벌은 꿀이 많은 곳을 발견하면 춤을 춰서 다른 꿀벌들에게 알려줘.

> **과학 교과연계**
> 3-3-2 동물의 생활, 5-1-5 다양한 생물과 우리 생활, 5-2-2 생물과 환경

동물과 동물 흔적 조사하기

준비물

돋보기, 필기구, 실험수첩

① 집 주변에서 사는 동물이나 동물 흔적을 찾는다.
② 다리가 많은 동물, 기어다니는 동물, 크기가 다른 동물 등으로 분류해 본다.
③ 개미집이나 동물이 다니는 구멍 등을 찾아서 관찰한다.
④ 동물의 발자국이나 배설물을 찾아 관찰한다.
⑤ 관찰한 내용을 실험수첩에 그림과 글로 적는다.

동물 탐구 기록

동물 이름	사는 곳	특징	관찰 내용
까치	나무 위 둥지	몸이 검정색과 흰색이다.	꽃잎처럼 생긴 까치 발자국이 많이 찍혀 있었다.

4장

천적을 찾아라

카론 원장이 사라졌다고 말했던 동물들이에요!

실종 전단지에 있던 동물들이네.

가긴 어딜 가!

쯔자

으악

푸드덕

헉! 카론 원장님?

크아아악~

어서 피해!

타다닥 타다닥 쾅

타다 닥
쾅-
타다다
헉
헉헉, 간신히 빠져나왔어요.
휴우, 지하 공간이 창고와 연결돼 있을 줄이야.
헉
헉
헉
헉
히익! 여기까지 쫓아왔어!
어서 도망쳐요!
콰
쾅

과학 X 파일

개미가 줄지어 가는 이유?

사람은 언어와 몸짓 등을 통해서 소통을 하지. 개미는 어떤 방법으로 소통할까? 개미는 몸에서 나오는 '페로몬'이라는 화학물질로 소통해. 페로몬은 개미 배의 끝에 있는 외분비샘에서 나오는데, 더듬이로 페로몬의 냄새를 확인하면서 다른 개미가 전달하는 정보를 알게 되는 거지. 개미가 먹잇감을 발견하고 주변의 개미들에게 알리기 위해서 페로몬을 바닥에 묻히면서 가면 다른 개미들이 냄새를 맡으면서 냄새 길을 따라 먹잇감이 있는 곳으로 줄지어 가는 거야. 페로몬은 일종의 네비게이션 같은 역할을 하는 거지.

변신의 마술사 청개구리!

개구리는 사람처럼 폐가 발달되어 있지 않아서 폐로 호흡을 하기가 어려워. 숨을 더 잘 쉬기 위해서 목이 부풀어 오르는 행동을 하지. 또 개구리는 호흡을 보충하기 위해서 피부 호흡을 같이 해. 그래서 개구리의 피부가 촉촉하게 젖어 있는 거야. 개구리는 천적을 피하기 위해 주변 환경과 비슷하게 보호색을 만들어서 몸을 숨길 수 있어. 보호색을 띠는 다른 동물로는 카멜레온이 있어. 카멜레온은 평상시에 녹색을 띠다가 주변의 환경에

보호색을 띤 청개구리

맞게 변신하여 빠르게 몸을 숨기지. 바다에 사는 문어도 변신의 달인이라고 할 수 있어. 환경과 비슷하게 몸 색이 바뀐다니, 정말 신기하지?

루돌프는 모두 암컷 순록이라고?

매년 크리스마스가 되면 산타 할아버지를 기다리지? 산타 할아버지의 썰매를 끄는 루돌프는 순록이라는 사슴과 동물이야. 순록은 추운 북극 지방에서도 잘 살아가고 썰매를 끌 정도로 힘도 아주 세. 그런데 루돌프는 모두 암컷 순록이야. 순록은 암컷과 수컷 모두 뿔이 자라고 이 뿔로 다른 이성 순록을 유혹하거나 적과 싸우지. 그런데 수컷의 뿔은 1년 동안 자라다가 12월쯤에 뿔갈이를 하기 위해 떨어져 나가. 그러니까 크리스마스쯤에는 뿔이 없는 거야. 그러니까 산타 할아버지의 썰매를 끄는 멋진 뿔을 가진 루돌프는 모두 암컷이라는 얘기지.

과학 교과연계

3-2-6 소리내기, 3-3-2 동물의 생활, 5-1-5 다양한 생물과 우리 생활, 5-2-2 생물과 환경

반딧불이의 엉덩이에선 왜 빛이 날까?

반딧불이는 여름철 물가나 풀밭에 사는 날아다니는 딱정벌레야. 낮에는 평범한 딱정벌레의 모습이지만 깜깜한 밤이되면 놀라운 모습을 볼 수 있지. 반딧불이의 엉덩이에서 반짝반짝 빛이 나오거든. 어떻게 엉덩이에서 빛이 날 수 있는 걸까? 반딧불이의 몸에는 빛을 내는 발광효소와 발광화합물이 있어. 이것들이 서로 화학 반응을 일으키면서 빛이 나는 거야. 모닥불이나 형광등 전구처럼 빛이 나는 물질은 뜨거운 열도 같이 나잖아. 그런데 반딧불이는 에너지를 모두 빛으로 만들어 내기 때문에 열이 없는 차가운 빛이야. 빛으로 짝을 찾기도 하고 서로 소통을 하기도 해. 게다가 이 빛을 내는 물질에는 독이 있어서 천적으로부터 보호하는 역할을 하기도 하지.

서로서로 도우며 사는 공생관계

진딧물은 배추, 고춧대 등 식물의 즙에 든 당분을 먹고 살아. 당분을 너무 많이 섭취하면 완전히 소화하지 못하고 배설하는데 개미가 이것을 받아 먹지. 대신 개미는 진딧물의 천적인 무당벌레를 물리쳐서 진딧물을 보호해 주는 거야. 진딧물은 불필요한 당분을 개미한테 주면서 무서운 천적인 무당벌레로부터 안전하게 자신을 지킬 수 있으니 서로에게 좋은 일이지. 사마귀와 연가시, 말미잘과 흰동가리도 서로 도우며 사는 동물들이야.

'오리 꽥꽥' 소리 놀이

준비물

종이컵, 빨대, 색연필, 투명 테이프 또는 핀, 송곳

① 종이컵 밑의 가운데를 송곳으로 빨대 크기만큼 뚫는다.
② 뚫린 구멍에 빨대를 넣는다.
③ 빨대를 아래쪽으로 잡아 내려서 투명 테이프나 핀으로 떨어지지 않게 고정시킨다.
④ 종이컵 겉표면에 오리 모양을 싸인펜으로 그린다.
⑤ 손에 물을 묻혀 빨대를 천천히 뽀드득 소리가 나게 비비듯이 긁어내린다.

소리가 나지 않을 때는 손을 비누로 닦은 후 다시 해 봐!

 **과학원리**

옛날 사람들은 오리를 키우면서 오리를 몰기 위한 방법으로 오리 소리를 내는 도구를 사용했어. 손으로 빨대를 당기면 진동이 종이컵에 전달되어 종이컵이 울리면서 오리 소리처럼 들리는 거야.

② 멸종 위기 동물 실종 사건

글 김정욱 **그림** 유희석 **정보 글** 서원호
감수 카이스트 과학 영재교육원 연구원 김희목 권경아
초판 1쇄 발행 2024년 3월 20일
초판 4쇄 발행 2025년 9월 26일

펴낸이 김영곤
프로젝트1팀장 이명선
기획개발 권정화 김현정 최지현 채현지 우경진 오지애 **마케팅** 서세원
영업팀 정지은 한충희 장철용 남정한 강경남 황성진 김도연 이민재
제작팀 이영민 권경민 **디자인** 박지영
IPX 강병목 임승민 김태희

펴낸곳 ㈜북이십일 아울북 **출판등록** 2000년 5월 6일 제406-2003-061호
주소 (우 10881) 경기도 파주시 문발동 회동길 201
연락처 031-955-2100(대표) 031-955-2441(내용문의) 031-955-2177(팩스) **홈페이지** www.book21.com
ISBN 979-11-7117-497-3 (77400)

Licensed by IPX Corporation

본 제품은 아이피엑스 주식회사와의 정식 라이선스 계약에 의해 ㈜북이십일에서 제작, 판매하는 것으로
아이피엑스 주식회사의 명시적 허락 없이는 어떠한 경우에도 무단 복제 및 판매를 금합니다.

＊책값은 뒤표지에 있습니다. ＊잘못 만들어진 책은 구입하신 서점에서 교환해 드립니다.

· 제조자명 : ㈜북이십일
· 주소 및 전화번호 : 경기도 파주시 회동길 201(문발동)
  031-955-2100
· 제조연월 : 2025년 9월 26일
· 제조국명 : 대한민국
· 사용연령 : 3세 이상 어린이 제품

· 사진 이미지 출처 게티이미지코리아

레너드 요원과 변신 용품들을 오려서 붙여 보세요!

함께 읽으면 좋아요!

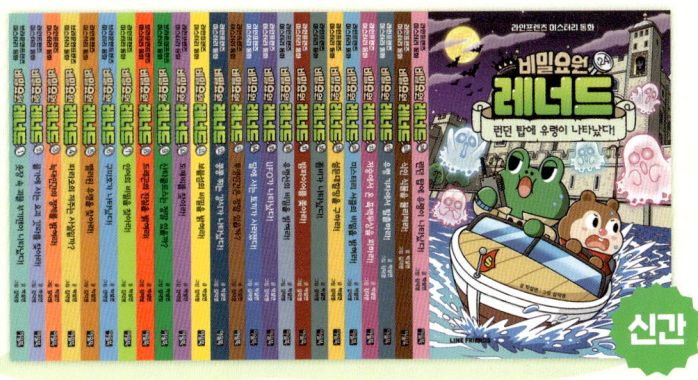

비밀요원 레너드

스릴 만점! 예측 불허!
레너드 요원의
미스터리 대모험!

신간

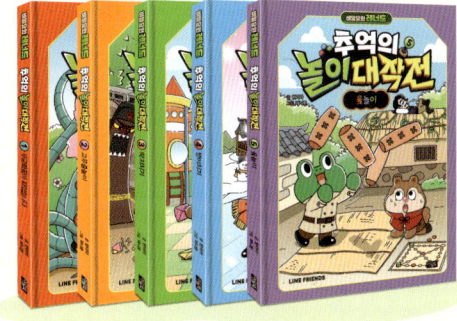

비밀요원 레너드 우리말 사무소

초등 필수 어휘 수록!
배꼽 잡고 웃다 보면
문해력이 쑥쑥!

추억의 놀이대작전

신개념 놀이 동화!
추억의 놀이 즐기며
사고력, 관찰력을 키워요!

★ 교보문고, 예스24, 알라딘 등 온라인 서점 및 전국 오프라인 서점에서 만나실 수 있습니다 ★